Karl-Philipp Böckmann, Ralf Schultze

ERP-Fallstudien

GRIN Verlag

Bibliografische Information der Deutschen Nationalbibliothek:

Die Deutsche Bibliothek verzeichnet diese Publikation in der Deutschen National-
bibliografie; detaillierte bibliografische Daten sind im Internet über http://dnb.d-
nb.de/ abrufbar.

Impressum:

Copyright © 2011 GRIN Verlag GmbH
Druck und Bindung: Books on Demand GmbH, Norderstedt Germany
ISBN: 978-3-656-48621-3

Dieses Buch bei GRIN:

http://www.grin.com/de/e-book/231731/erp-fallstudien

GRIN - Your knowledge has value

Der GRIN Verlag publiziert seit 1998 wissenschaftliche Arbeiten von Studenten, Hochschullehrern und anderen Akademikern als eBook und gedrucktes Buch. Die Verlagswebsite www.grin.com ist die ideale Plattform zur Veröffentlichung von Hausarbeiten, Abschlussarbeiten, wissenschaftlichen Aufsätzen, Dissertationen und Fachbüchern.

Besuchen Sie uns im Internet:

http://www.grin.com/

http://www.facebook.com/grincom

http://www.twitter.com/grin_com

ERP-Fallstudie

[Wahlpflichtfach]

Master Wirtschaftinformatik
1.Semester

22.01.2011

Ralf Schultze

Karl-Philipp Böckmann

Inhalt

1. Einleitung

Die vorliegende Arbeit wurde im Zuge der bei Frau Dr. Sandy Eggert stattfindenden ERP-Fallstudie geschrieben. Es sollen hierbei unterschiedliche Unternehmen, welche hauptsächlich im produzierenden Gewerbe tätig sind, mit einander verglichen werden. Die Vergleiche sollen sich in erster Linie auf die in den Unternehmen durchgeführten Projekte beziehen, bei denen neue Enterprise Ressource Planning-Systeme eingeführt wurden. Es wird unter anderem betrachtet, welche Gründe für die Einführung eines ERP-Systems vorlagen und welche Ziele durch diese Projekte verfolgt wurden. Wären vor wenigen Jahren nur große Unternehmen für die Einführung eines ERP-Systems in Betracht gezogen worden, so sind es heutzutage auch kleine und mittelständische Unternehmen, die ein solches System bei sich einführen wollen. Als Grund für diesen Wandel lässt sich zum einen anführen, dass auch der Mittelstand die Wichtigkeit und die Vorzüge eines solchen Systems erkannt haben und zum anderen, dass durch ein größere Vielfalt an diesem Markt die Kosten für solche Projekte gesunken sind. Jetzt stellt sich natürlich die Frage, ab wann es sinnvoll ist, ein ERP-System im Unternehmen einzuführen und wann die Kosten für eine solche Einführung in keinem Verhältnis zu dem entstehenden Mehrwert wären.

In der heutigen Wirtschaft versucht man, alle Geschäftsprozesse, welche in einem Unternehmen ablaufen, darzustellen. Es sollen möglichst viele Prozesse weiter automatisiert werden. Mit Hilfe der am Markt angeboten ERP-Systeme wird dies den Unternehmen erleichtert.

Auf den folgenden Seiten werden die Gründe für die Einführung eines ERP-Systems noch einmal benannt und anschließend die bei verschiedenen Unternehmen durchgeführten Projekte zur Einführung eines solchen Systems miteinander verglichen.

2. Enterprise Ressource Planning-Systeme

2.1. Definition

Anfangs wurden in den einzelnen Bereichen eines Unternehmens verschiedene Systeme verwendet, um die jeweiligen Aufgaben zu erfüllen. Mit einem Enterprise Ressource Planning-System wurde den Unternehmen nun ein Softwarepaket zur Verfügung gestellt, welches alle Teilprozesse beinhaltet. Häufig wurden in den Unternehmen Programme speziell für das Finanz- und Rechnungswesen entwickelt. Des Weiteren kamen Programme für den Einkauf und die Produktion zum Einsatz. Später wurden weitere Programme für die Kundenbetreuung hinzugefügt. Diese wurden unter dem Begriff Customer Relationship Management, kurz CRM, bekannt. In den meisten Firmen wurden anfangs noch eigenentwickelte Programme für die Erfüllung dieser Aufgaben genutzt. Im Laufe der Zeit entwickelten sich verschiedene Softwarefirmen, die sich speziell der Entwicklung und Wartung dieser Systeme widmeten. Als eine der bekanntesten Firmen wäre hier die SAP AG zu nennen, die mit ihrem System die gesamten ablaufenden Prozesse in einem Unternehmen unterstützen kann.

2.2. Auswahlprozess eines ERP-Systems

Der Auswahlprozess, welcher bei der Einführung eines neuen ERP-Systems durchlaufen wird, ist vergleichbar mit einem klassischen Projektvergleich. Anfangs müssen die Anforderungen an das System herausgearbeitet und genau formuliert werden. Nach der abgeschlossenen Anforderungsanalyse wird durch die dann stattfindende IST-Analyse und die Erstellung eines Sollkonzepts genauestens definiert, welche Funktionen das neue ERP-System besitzen muss. Schon an dieser Stelle fallen viele branchenspezifische ERP-Anbieter weg.

In diesen ersten Phasen wird zur Überprüfung der Vollständigkeit und zum Auffinden von eventuell fehlenden, aber benötigten, Funktionen ein Lastenheft erarbeitet. Mit Hilfe dieses Lastenheftes kann man nun eine

Auswahl treffen, welcher Anbieter das am besten geeignete   Produkt anbietet.

Ein weiterer sehr wichtiger Faktor, der - je nach Größe des Unternehmens-betrachtet werden sollte, ist die lokale oder auch nationale Präsenz des Anbieters. Dies kann beispielsweise von Relevanz sein, wenn die Mitarbeiter für dieses System geschult werden sollen oder ein Servicemitarbeiter eventuell Wartungsarbeiten vor Ort durchführen muss. Nach Abschluss der Planung hat der Unternehmer nun ein genaues Bild, was er von dem System verlangt und erwartet. Eine weitere Anforderung, welche an den Anbieter gestellt wird, ist die Zukunftssicherheit. Als letztes wäre noch der Kostenfaktor zu nennen, welcher bei einem solchen Projekt einen ebenfalls großen Faktor einnimmt. Auch dieser Aspekt muss berücksichtigt werden, da das effektivste und qualitativ beste System rein wirtschaftlich nicht das optimalste System für das Unternehmen darstellen muss.

2.3.   Umsetzung und Einführung eines ERP-Systems

Um die oben beschriebene Prozedur der Neueinführung eines ERP-Systems durchzuführen, werden in verschiedenen Literatur- und Internetquellen unterschiedliche Herangehensweisen beschrieben. Beispielsweise wird dieser Prozess von F & M Consulting[1] (www.fundm.de) in 7 Abschnitte unterteilt.

Um dies zu verdeutlichen, werden hier diese 7 Abschnitte kurz vorgestellt.

Im ersten Abschnitt, der Projekt-Vorphase, werden alle Geschäfts- und Systemprozesse des Unternehmens aufgenommen, analysiert und hinsichtlich der bevorstehenden Einführung einer neuen ERP-Software ausgewertet. Des Weiteren werden an dieser Stelle die Projektmitarbeiter und der Projektleiter benannt. Außerdem werden die Projektziele festgehalten und eine Vorgehensweise wird definiert.

---

[1] „Der 7-Stufen-Plan zur ERP-Einführung" von Jörg Rehage (Quelle:
http://www.fundm.de/downloads/Publikation_5.pdf)

Im nächsten Abschnitt wird das Sollkonzept definiert und ein, für das spätere Auswahlverfahren wichtige, Lastenheft erstellt. Mit Hilfe der ERP-Anbieter wird dieses Lastenheft nun auf Übereinstimmung und Umsetzbarkeit geprüft. Im dritten Abschnitt findet die Feinplanung statt und das ERP-System wird erstmals in einer Testumgebung geprüft. In dieser Phase müssen die betroffenen Mitarbeiter begleitet werden und ein allgemeines Verständnis für das Projekt muss entstehen, sodass das neue System nicht abgelehnt wird.

Im folgenden Abschnitt, der Einführungsphase, werden nun alle Stammdaten in das neue System importiert. An dieser Stelle besteht für das jeweils betroffene Unternehmen noch die Möglichkeit, sich von Altlasten zu trennen.

Im fünften Abschnitt findet dann der Echtstart des neuen ERP-Systems statt. Jetzt müssen auch die Mitarbeiter im neuen System arbeiten. Anfangs kann es hier zu Problemen kommen. Diese können beispielsweise durch Zuordnungsfehler von verschiedenen Belegen entstehen. Auch besteht die Möglichkeit, das Neu- und Altsystem eine Zeit lang parallel laufen zu lassen. In diesem Abschnitt kommt es in vielen Fällen zum Projektabbruch.

Der nächste Abschnitt beschreibt die Know-How-Übertragung. In diesem Abschnitt findet die Einarbeitung der ERP-Arbeitsplätze statt. Hierfür müssen den Anwendern genügend Schulungsunterlagen zur Verfügung gestellt werden.

Im letzten Abschnitt findet nun eine fortlaufende Optimierungs- und Anwendungsfreigabe statt. Es können verschiedene Auswertungsmöglichkeiten vorgestellt werden, welche zuvor durch zu geringe Kenntnis über die Bedienung des Systems nur zu Verwirrung geführt hätten. Das Projektende kann in dieser Phase oftmals nicht genau definiert werden, da es meist zum Übergang in andere Projekte kommt. Dies wären zum Beispiel die Einführung weiterer Module oder die Installationen von größeren Updates.

2.4. Auswahlkriterien

Für die Fallstudie wurde uns die Excel-Datei „ERP Fallstudien_Datensammlung.xls" zur Verfügung gestellt. In dieser sollten die Daten, welche zu den einzelnen Fallstudien gefunden wurden und für den späteren Vergleich genutzt werden, eingetragen werden. In dieser Tabelle werden die einzelnen ERP-Projekte nach drei Auswahlkriterien unterteilt.

1. Welche Projektziele wurden von den Unternehmen mit den ERP-Projekten verfolgt.
2. Welche Gründe lagen vor, um das Projekt in den jeweiligen Unternehmen durchzuführen.
3. Welche Gründe lagen vor, dass sich die Unternehmen für das jeweilige ERP-System entschieden haben.

Diese drei eben genannten Kriterien setzen sich aus vielen einzelnen Gründen und Zielen zusammen. Als Beispiel für ein Ziel, welches durch ein solches Projekt verfolgt werden könnte, kann zum Beispiel die Steigerung der Produktivität genannt werden. Das kann bedeuten, dass das alte System nicht mehr für eine Produktivitätssteigerung ausgelegt ist und man sich deshalb nach einem neuen System erkundigen muss. Die genauen Gründe und Ziele werden bei der Beschreibung der einzelnen Projekte genannt und beschrieben.

Weitere Kennzahlen welche gesammelt werden sollten, sind allgemeine Informationen zum Anwender des ERP-Systems. Dies sind Adressdaten, Umsatzzahlen und auch Unternehmensgröße. Auch die Anzahl der User, welche das ERP-System nach der Einführung nutzen, ist Untersuchungsgegenstand.

3. ERP-Fallstudie

In dem folgenden Kapitel werden anfangs die einzelnen Firmen und deren Projekte beschrieben. Darauf aufbauend werden diese Projekte unter unterschiedlichen Betrachtungsweisen miteinander verglichen.

3.1. Anwenderbeschreibung

3.1.1. Plenge GmbH

Die Plenge GmbH Elektrotechnik – Steuerungsbau ist ein Unternehmen aus dem östlichen Münsterland – genauer - aus der Oelde. Die Plenge GmbH hat über Jahrzehnte hinweg einen wachsenden Mitarbeiterstamm. So kam es, dass sich steigende Umsatzzahlen auch auf die Angestelltenzahl ausgewirkt haben. Als Ziele werden von dieser Firma innovative Technik und solide Qualität genannt. Die Nutzung der EDV-Systeme stieg an. Gleichzeitig stellte man fest, dass diese Systeme den steigenden Anforderungen nicht mehr genügen würden. Daraus resultierte Mitte 2007 die Planung, eine neue ERP-Software einzuführen. Diese Systeme sollten die alten eigenentwickelten Systeme ablösen, um die Lagerhaltung und die Auftragsabwicklung zu verbessern. Des Weiteren sollte die Produktivität und Qualität, durch eine bessere Prozessabbildung und –steuerung verbessert werden. Die Plenge GmbH hat sich für das System ABAS ERP entschieden und im April 2009 begonnen, produktiv mit diesem System zu arbeiten.

3.1.2. Franz Asen KG

Das aus Österreich stammende Unternehmen Franz Asen KG produziert Stahl-, Glas- und Holzkonstruktionen. In dem Unternehmen sind 36 Mitarbeiter beschäftigt. Die Frans Asen KG arbeitete in den einzelnen Fachrichtungen mit einzelnen meist eigenentwickelten Systemen. Die Einführung einer ERP-Software sollte diese einzelnen Systeme ablösen und so auch vorhandene Datenredundanzen reduzieren. Des Weiteren sollten durch die Einführung die Kosten gesenkt werden. Das Projekt für die

Einführung des ausgewählten Systems der ABAS Software GmbH startete bereits im September 2008 und soll voraussichtlich im März 2011 enden. Produktiv wird das ABAS ERP-System bereits von 15 Usern seit April 2010 genutzt.

3.1.3. Deutsche Raiffeisen-Warenzentrale GmbH

Die Deutsche Raiffeisen-Warenzentrale GmbH (DRWZ) ist ein Handels- und Dienstleistungsunternehmen innerhalb der deutschen Raiffeisen-Organisation. Das Unternehmen hatte 2009 einen Jahresumsatz von 236 Millionen Euro und beschäftigt aktuell ca. 70 Mitarbeiter. Die DRWZ entschied sich aufgrund der fehlenden Flexibilität dazu, ein neues ERP-System einzuführen. Die Entscheidung fiel letztendlich auf das ERP-System Greenax von der BISON Schweiz. Es vereinigte gewollte Eigenschaften wie Flexibilität und Anpassbarkeit. Außerdem ist es ein prozessorientiertes System. Es wird seit Januar 2008 produktiv in der Deutschen Raiffeisen-Warenzentrale eingesetzt.

3.1.4. Gebrüder Waasner Elektronische Fabrik GmbH

Die Gebrüder Waasner Elektronische Fabrik GmbH hat ihren Firmensitz in Forchheim, Deutschland. Es werden in diesem Unternehmen mehr als 300 Mitarbeiter beschäftigt und über 75 Millionen Euro Jahresumsatz erwirtschaftet. Auf der Grundlage, dass in dem Unternehmen komplexe Prozesse noch Papier-Beleg-gesteuert ausgeführt wurden und in unterschiedlichen Funktionsbereichen unterschiedliche Software-Systeme genutzt wurden, wurde ein Projekt gestartet, um das von Microsoft entwickelte ERP-System Microsoft Dynamics AX einzuführen. Durch dieses System erzielte Erfolge sind beispielsweise eine gesteigerte Produktivität, da die Produktionsplanung jetzt automatisch stattfindet. Auch wird mit dem neuen System eine höhere Transparenz erzielt und der manuelle Arbeitsaufwand hat durch eine papierlose Workflow-Steuerung abgenommen.

3.1.5. Drahtwaren Driller GmbH

Die Drahtwaren Driller GmbH ist ein in Freiburg im Breisgau ansässiger Fabrikant von Drahtwaren. Es sind 11 Mitarbeiter in dem Unternehmen beschäftigt. Auf der Grundlage der Einrichtung eines Online-Shops und einer Sortimentserweiterung war das alte eigenentwickelte System nicht mehr leistungsfähig genug, sodass der Entschluss gefasst wurde, ein neues ERP-System zur schnelleren Abarbeitung der Geschäftsvorfälle einzuführen. Es wurde sich hier für die Einführung von ABAS ERP durch die ABAS Projektierung Freiburg GmbH entschieden.

3.1.6 Schirmer Kaffee GmbH

Das Unternehmen Schirmer Kaffee GmbH ist ein in Dortmund ansässiger Kaffeehersteller. Die Unternehmensgröße liegt bei einhundert Mitarbeitern und der jährliche Umsatz betrug in den letzten Jahren ungefähr achtzig Millionen Euro. Der Dienstleister KI Kompetenz- und Innovationszentrum hat das Einführungsprojekt gestartet. In diesem Fall handelt es sich dabei um eine Produktablösung. Als System wurde Semiramis ERP von der Firma SoftM ausgewählt. Ausgewählt wurde dieses System aufgrund einer guten Kundenorientierung und der Tatsache, dass es sich um eine etablierte Branchen-/Mittelstandslösung handelt.

Das Ziel dieses Projektes war sowohl eine Anpassung an die rechtlichen Veränderungen, als auch eine Verbesserung der Übersicht über die aktuellen Daten. Einer der Gründe, welcher für das Projekt genannt wurde, ist eine Zertifizierung der aktuellen Normen.

Das Projekt wurde von 2008 bis 2009 durchgeführt, wobei keine genauen Angaben zu Userzahl gemacht oder konkrete Termine genannt wurden. Es ist davon auszugehen, dass das Projekt erfolgreich abgeschlossen wurde.

3.1.7 Hagenah GmbH & Co. KG

Die Firma Hagenah GmbH & Co. KG ist ein in Fisch-Großhändler aus Hamburg. Bei einer Mitarbeiterzahl von einhundert zwanzig Mann erzielte das Unternehmen im Jahr 2009 einen Umsatz von 6,5 Millionen Euro. Hier wurde durch die die GUS-Group AG & Co. KG die GUS-OS ERP eingeführt. Ziel sollte sein, die Geschäftsprozesse zu vereinfachen, zu optimieren und zu automatisieren. Der Grund zur Durchführung des Projekts war das Auffinden und Implementieren von fehlenden Schnittstellen zwischen Geschäftsprozessen/-feldern. Die Software wurde ausgewählt, da sie eine gute Kundenorientierung aufweist. Das ERP-System wurde in diesem Projekt mit einer Userzahl von 30 geplant.

3.1.8 Fuchs und Böhme GmbH

Der nächste Anwender ist die Fuchs und Böhme GmbH. Diese Firma ist ein seit vielen Jahren am Markt etablierter Hersteller für chemische Reinigungsmittel. Trotz einer großen Produktionsfläche von über 2500qm beschäftigt sie nur 25 Mitarbeiter. Ein Grund dafür könnten zum Beispiel die sehr effizient gestalteten Produktionsabläufe sein. Dies stellte gleichzeitig eines der Ziele des hier durchgeführten Projektes dar. Weitere Ziele waren eine bessere Transparenz der Geschäftsabläufe sowie eine Kostensenkung im Verwaltungsbereich.
Angeboten und eingeführt wurde das System durch die GUS-Group AG & Co. KG.

3.1.9 Zultner GmbH

Die Firma Zultner GmbH & Co KG ist ein in Österreich ansässiger Zulieferer für Rohstoffe und Halberzeugnisse. Im Jahr 2009 wurde bei einer Mitarbeiterzahl von 160 ein Umsatz von 43 Millionen erwirtschaftet. Die Firma SoftM Software und Beratung AG hat in den Jahren von 2005 bis 2007 das ERP-System Comarch Semiramis eingeführt. Das Ziel des Projektes bestand darin, mit Hilfe einer Standardlösung eine effizientere Auftragsabwicklung zu gewährleisten. Die Eigenentwicklung sollte abgelöst und die Vorteile einer Standardlösung in der Firma etabliert werden. Es wurde sich für das oben genannte System entschieden, da es sich im Vergleich am besten anpassen ließ und flexibel einsetzbar war. Nach der Einführung sollte das ERP-System von 90 Usern in der Firma genutzt werden.

3.1.10 Perlen Papier AG

Die Perlen Papier AG gehört zu den größten Papierherstellern aus der Schweiz. Bei einer Firmengröße von 381 Mitarbeitern haben sie im Jahr 2009 einen Umsatz von 209,1 Millionen Euro erzielt. Von der Firma T.CON GmbH & Co. KG ist hier mySAP ERP eingeführt worden. Ziele des bereits abgeschlossenen Projekts waren die Vereinfachung, Optimierung und Automatisierung der Geschäftsprozesse. Das Altsystem ist eine Eigenentwicklung gewesen, welche nicht den gesamten Funktionsumfang einer Prozessunterstützung liefern konnte. Ausschlaggebend für dieses Projekt war das Schaffen einer Schnittstelle zwischen den Geschäftsprozessfeldern. Für dieses ERP-System hat man sich entschieden, da es bereits eine große Zahl an Referenzkunden gab und somit ein überschaubarer Implementierungszeitraum sowie eine Machbarkeitsstudie erstellt werden konnten. Das Projekt lief über 28 Monate und sollte dann 75 Nutzern die Möglichkeit geben, das ERP-System zu bedienen.

3.2 Vergleiche von ERP-Projekten

Ziel der Vergleiche soll es sein, mit Hilfe der Unternehmensdaten eine Auswahl eines ERP-Systems zu verbessern oder eine bessere Eingrenzung zu ermöglichen. Aus diesem Grund müssen Vergleiche ausgewählt werden, die einen möglichst guten Zusammenhang zwischen Projekt und Firmendaten aufweisen.

Für die hier geführten Vergleiche wurden die Daten der oben beschrieben Firmen herangezogen.

3.2.1 Dienstleister und Firmengröße

Die erste Überlegung befasst sich mit der Auswahl eines Dienstleistungsunternehmens. Diese führt die gewünschte ERP-Software in die Firma ein. Einige große Anbieter arbeiten mittlerweile ausschließlich über diesen Vertriebsweg, daher sollte dieser Punkt in der späteren Analyse beachtet werden.

Im ersten Vergleich wird geprüft, ob die Unternehmensgröße einen Einflussfaktor auf die Nutzung eines Dienstleitungsunternehmens hat.

Anwender / Unternehmen	Unternehmensgröße	Projekt mit Dienstleitungs U.
Gebrüder Waasner Elektronische Fabrik GmbH	313	Ja
Schirmer Kaffee GmbH	100	Ja
Hagenah GmbH & Co. KG	120	Nein
Fuchs & Böhme GmbH	25	Nein
Drahtwaren Driller GmbH	11	Nein
Plenge GmbH	54	Ja
Zultner GmbH & Co. KG	160	Ja
Perlen Papier AG	381	Ja
Franz Asen KG	36	Ja
Deutsche Raiffeisen-Warenzentrale GmbH	70	Nein

	10-50	51-200	200-1000
Ja	1	3	2
Nein	2	1	0
Ja %	10%	20%	20%
Nein %	30%	20%	0%

Aus den Grafiken geht hervor, dass mit steigender Unternehmensgröße auch der Anteil an Projekten zunimmt, welche durch einen Dienstleister durchgeführt werden.

3.2.2 Dienstleister und Umsatz

Anwender / Unternehmen	Umsatz 08	Projekt mit Dienstleitungs U.
Gebrüder Waasner Elektronische Fabrik GmbH	78.000.000	Ja
Schirmer Kaffee GmbH	80.100.000	Ja
Hagenah GmbH & Co. KG	1.900.000	Nein
Fuchs & Böhme GmbH	< 1.000.000	Nein
Drahtwaren Driller GmbH	< 1.000.000	Nein
Plenge GmbH	7.975.000	Ja
Zultner GmbH & Co. KG	40.000.000	Ja
Perlen Papier AG	228.080.000	Ja
Franz Asen KG	470.000	Ja
Deutsche Raiffeisen-Warenzentrale GmbH	229.000.000	Nein

	0-1 Mio	1-50 Mio	51-300 Mio
Ja	1	2	3
Nein	2	1	1
Ja %	10%	20%	30%
Nein %	20%	10%	10%

Aus diesem Vergleich ist ein – dem vorherigen Beispiel sehr ähnliches - Fazit zu ziehen. Es zeigt sich, dass ab einem gewissen Umsatz, welcher auch die finanziellen Möglichkeiten des Unternehmens wiederspiegelt, ERP-Software mit Hilfe eines Dienstleisters eingeführt wird.

3.2.3 Vergleich von einzelnen Projektkennzahlen

Wir betrachten die Userzahl als eine der wichtigsten Kennzahlen im Bereich der ERP-Einführung. Daher werden wir diese Kennzahl als erstes analysieren. Auf welche Bereiche könnte die Userzahl Einfluss haben? Logischerweise hat sie direkten Einfluss auf die Lizenzkosten. Die Userzahlen an sich zu vergleichen könnte zwar interessant sein, bringt aber für Verbesserung von ERP-Projekten keinen nennenswerten Vorteil. Zumal die Anzahl der hier zu vergleichenden Projekte kein repräsentatives Ergebnis darstellen würde. Aus diesem Grund betrachten wir im nächsten Abschnitt den Zusammenhang zwischen Userzahl und Projektdauer.

In folgendem Vergleich soll versucht werden, eine Aussage über die Projektdauer in Abhängigkeit von der Userzahl zu treffen. Ohne vorher Daten verglichen zu haben, liegt die Vermutung nahe, dass, desto größer die Anzahl der User ist, desto länger ein Projekt dauern wird. Sollte sich diese Vermutung durch Zahlenmaterial bestätigen lassen, wäre es interessant zu erfahren, ob eine verhältnismäßige Abhängigkeit oder ein Trend erkennbar ist. Im letzteren Fall könnte in einer sehr frühen Projektplanung schon eine grobe Aussage zu einer möglichen Dauer für das Einführungsprojekt getroffen werden.

Zu beachten ist bei diesem konkreten Vergleich, dass, wie bei jeder Erhebung, erst ab einer gewissen Menge an Datensätzen eine allgemeine Aussage getroffen werden kann. Des Weiteren ist zu beachten, dass die veröffentlichte oder uns genannte Projektdauer nicht immer der Realität entsprechen muss, sondern aus Marketinggründen angepasst wurde.

Die erste Auswertung des Vergleichs zeigt, dass die durchschnittliche Projektdauer zwischen 2-3 Jahren liegt. Es zeigt sich, dass bei den kleineren Projekten mit 10-20 Usern die Projektdauer deutlich unter dem Durschnitt liegt. Leider waren nicht alle Unternehmen bereit, uns die genaue Projektdauer darzulegen. Aus diesem Grund konnten für diesen Vergleich nur die erhaltenen Daten genutzt werden.

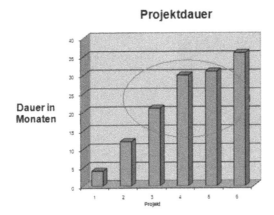

Der gewünschte Zusammenhang zwischen Userzahl und Projektdauer konnte in dem Vergleich leider nicht wiederlegt werden, da die Projektdauer nicht -wie vermutet- mit der Userzahl ansteigt.

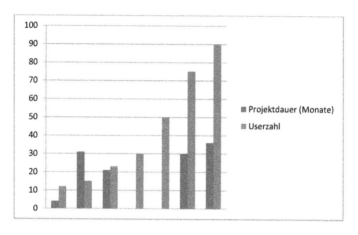

3.2.5 Projektziele

In folgendem Abschnitt wird die Häufigkeit der ermittelten Projektziele verglichen. In folgender Grafik sind die am häufigsten genannten Projetziele dargestellt.

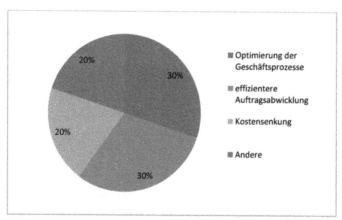

Es hat sich gezeigt, dass in einer Vielzahl der Projekte die Verbesserung der Geschäftsprozesse mit Hilfe der neuen Software erzielt werden sollte.

Ebenso sollten die Auftragsabwicklungen effizienter gestaltet werden und dadurch schlussendlich Kosten eingespart werden.

4. Fazit

Wir haben uns entschlossen, das Fazit mit einem Zitat einzuleiten. Die folgende Email wurde uns von einem Anwender zugesendet. Sie spiegelt die Stimmung in einer kleinen Firma, in der Durchführung und Planung eines ERP-Projekts leider nicht übereinstimmten, hervorragend wider.

"Sehr geehrter Herr Böckmann,

Es gibt kaum ein Gebiet der Wirtschaft, wo so viel Geld verbrannt wird wie bei der Einführung von ERP Systemen.
Ich sprach mit vielen erfolgreichen kleineren Industrie,- und größeren Gewerbebetrieben über Ihre diesbezüglichen Erfahrungen.
Diese waren durchwegs negativ. Kostenexplosion und Nichterfüllung der in das System gesetzten Erwartungen war von allen zu hören.
Bei größeren Unternehmen ist es sicher nicht anders, nur dringt bei diesen aus dem "Königreich IT" nichts nach außen. Die Ursachen für diesen Mißerfolg liegen fast immer beim Unternehmen. Es gibt keine teamorientierte BOG, keine gemeinsam erstellte Ablaufmatrix und daher auch keine Missionare(MA die von der Richtigkeit und Wichtigkeit dieser Veränderung überzeugt sind). Die BOG Abläufe sind die Basis für das Pflichtenheft, welches in unserem Falle samt allen Beilagen über 100 Seiten umfaßte und dessen Erstellung alleine ca. 400 Std. verschlang. Ich wundere mich, daß es keine ERP Beratungsunternehmen gibt, die diesen Namen verdienen. Unser System sollte bis Ende März weitgehend perfekt funktionieren. Vom 1. Kundenkontakt über die Kalkulation, das Angebot die Produktion/Montage (mit Frühwarnung bei Überschreitung der kalkulierten Zeiten), dem BAB bis zur permanenten EBIT Ermittlung. Die danach gewonnen freie Zeit werde ich vielleicht nützen, um andere Unternehmen bei der Einführung zu unterstützen. Ich meine mittelfristig wird kein Betrieb mit mehr als 20 MA ohne ERP System auskommen.
Ich wünsche Ihnen viel Erfolg bei Ihrem Projekt.
Mit freundlichen Grüßen

Franz Asen"

Wir können gerade für den Bereich der kleinen Firmen die Aussage bestätigen. Das Problem liegt jedoch nicht nur in den Kosten, sondern auch in der gesamten Umsetzung. Da gerade bei einer kleinen Firma die Anzahl der scheiternden Projekte am größten ist. Für Ursachen können nur Vermutungen angestellt werden. Zum einen könnte der Vorteil für eine Firma mit sehr wenigen Mitarbeitern nicht so bemerkbar sein, wie bei einer größeren Firma. Kommen dann wachsende Kosten und Verzögerungen hinzu, wird man eher dazu geneigt sein, ein Projekt unvollendet abzuschließen. Vor allem weil die meist genutzten Eigenentwicklungen oder Microsoft Office Produkte in dem Rahmen die meisten Aufgaben abdecken, wenn auch nicht so vorteilhaft wie es ein ERP-System erledigen würde.

Ein Fazit aus unseren Vergleichen und Betrachtungen ist wie folgt zu ziehen: Die meisten Gegenüberstellungen bringen nur dann ein gewünschtes Ergebnis, wenn mehr als zehn Firmen miteinander verglichen werden. Es zeigen sich aber auch schon gewisse Trends, wenn man Vergleiche in kleinen Rahmen durchführt.